Ирина Колесникова

Irina Kolesnikova

К 10-ти летию
Санкт-Петербургского Театра Балета Константина Тачкина

Marking the occasion of the 10th anniversary
of Konstantin Tatchkin's St Petersburg Ballet theatre

ББК щ 327(4)л6
УДК 792.8
И 80

Ирина Колесникова
Фотоальбом

Составление Театр балета Константина Тачкина

Дизайн и допечатная подготовка ООО "Студия А"
19119, Санкт-Петербург, Павлоградский пер., 6/10

Отпечатано в типографии "Агат"
198020, Санкт-Петербург, Бумажная ул., 17

ISBN 5-94300-037-2

Ирина Колесникова

Irina Kolesnikova

2004

К 10-ти летию
Санкт-Петербургского Театра Балета Константина Тачкина.

Marking the occasion of the 10th anniversary
of Konstantin Tatchkin's St Petersburg Ballet theatre

Ирина Колесникова – моя любовь

Ирина Колесникова – моя любовь, причем с первого взгляда. До 2002 года я ничего не знала о ней, как и о Санкт-Петербургском балетном театре Константина Тачкина, в котором она работает. В 2002 году, в один из моих приездов в Санкт-Петербург, меня пригласили посмотреть спектакль этой труппы, но Ира в тот вечер не танцевала. Увидела я ее в то же лето, но чуть позже: один из телевизионных каналов снимал Колесникову в современном номере «Эдит Пиаф», который ей поставила Наталья Осипова. Съемки шли на сцене театра им. Мусоргского, где Осипова работает. Когда я закончила снимать первый эпизод, я уже знала, что люблю эту танцовщицу. С первой странной позы около уличного фонаря она завладела моим вниманием и моим сердцем, и я следовала за исполнительницей, уже не спрашивая себя, нравится ли мне номер и хороша ли танцовщица. А Колесникова была хороша: она не утрировала страсти, но ее пластичное, музыкальное тело казалось «вторым» голосом, который вторил голосу Эдит Пиаф.

Позднее я узнала творческую биографию Колесниковой: не очень счастливое пребывание в стенах прославленной Академии балета, случайное поступление в труппу Константина Тачкина, который, к счастью, сразу оценил ее талант. Я увидела Колесникову Жизелью, Авророй, Одеттой, Одиллией, Машей, Китри. В каждой из этих ролей она открывалась мне новой гранью своего таланта или подтверждала уже сложившееся впечатление. Но то первое впечатление от необычной, пленительной юной танцовщицы осталось в моей памяти совершенно особым, радостным воспоминанием: на пустой сцене(казалось, что опущенный занавес отделяет сцену не только от зрительного зала, но и от всего мира), в присутствии нескольких человек в кулисах, юная девушка в старомодной шляпе и длинном платье как будто и не танцевала, а импровизировала для самой себя или вспоминала о чем-то сокровенном в своем публичном одиночестве.

Колесникова – технически сильная танцовщица, но дело не только в ее высоком прыжке, не только в умении делать двойные или тройные туры или фуэте. Для меня безупречное исполнение технических трюков никогда не является знаком подлинного таланта, хотя, конечно, хорошо, когда Одиллия «завлекает» и поражает принца вихрем пируэтов. Для меня в открывшейся мне балерине важно другое: подлинная эмоциональность. Кажется, что все чувства героинь, которых танцует Колесникова, идут из глубины ее собственного сердца и рождаются на наших глазах. Но каждая роль при этом продумана и выстроена (как и полагается у настоящих актрис в традициях русского балета): Колесникова –«думающая» балерина. И я ценю в молодой танцовщице умение создать вокруг себя на сцене особую атмосферу. Кажется, что именно ее «очарованная принцесса» Аврора в сцене «видения» в «Спящей красавице» вовлекает Фею Сирени, принца и кордебалет в таинственный волшебный мир. Ее сияющая Жизель в начале акта одноименного балета, заливает сцену ослепительным светом своего счастья: «то жизни луч из сердца ярко бьет, и золотит, лаская без разбора все, кто к нему случайно подойдет» (А.К.Толстой)

«Лебединое озеро» - особый балет в репертуаре Колесниковой. Интуитивно и сознательно, она нашла для образов Одетты и Одиллии свою интерпретацию. Колесникова услышала в музыке тему бесконечного одиночества Одетты, и тему экспрессивного волшебства Одиллии. В этом балете Ирине предстоит еще не раз открывать для себя и для нас, зрителей, иные аспекты, но и сегодня Колесникова на сцене даже в таких «затанцованных» ролях – индивидуальна.

Танцовщица от природы обладает интеллигентной, благородной манерой исполнения, это еще одно качество ее артистического дара, этот дар, поэтичен, манера самовыражения на сцене лишена суеты и стремления поразить, Ее стилю присуща некоторая старомодность. Однако Алла Осипенко, легенда русского балета, остро чувствовавшая современный стиль хореографии, сказала мне, посмотрев выступление Колесниковой: «Как она мне близка!».

Балерина еще в начале своего пути, она находится в стадии счастливых открытий, в период определения границ своих возможностей, о ней рано говорить, как о сложившейся актрисе. Но я не сомневаюсь, что Ирина Колесникова станет звездой и славой русского балета.

Нина Аловерт
Американо-русский балетный критик - фотограф

Irina Kolesnikova – my love

I fell in love with Irina Kolesnikova at first sight. Before the year 2002 I did not know anything about her, nor about Konstantin Tatchkin's Saint Petersburg Ballet Theatre in which she worked. In 2002 during one of my visits to St Petersburg I was invited to see the performance of this company, but Irina didn't perform that night. I saw her that same summer but a bit later. One of the TV channels was filming Kolesnikova in a contemporary piece danced to an Edith Piaf song and staged by Natalia Osipova. The filming session was held on the Mussorsky Theatre stage, where Osipova worked. The moment the filming of the first episode was completed I knew already then that I loved this dancer. From the first strange pose, standing near the lamp-post, she captured my attention and won my heart. I followed her without even asking myself whether I liked the piece or if the dancer was good enough. She was really good: she did not exaggerate, but her pliant musical body seemed to be a second voice which following that of Piaf.

Later I came to know Kolesnikova's story, she was not very happy during her time in the famous Vaganova Ballet Academy, luckily she was accepted into Konstantin Tatchkin's troupe who fortunately appreciated her talent. I saw Kolesnikova dancing Giselle, Aurora, Odette/Odile, Masha and Kitri. In all her roles I saw her talent in a different light and my impression of her grew even stronger. But my first impression of this unique, charming young dancer remained in my memory as a very special and joyful one: on an empty stage (it seemed that the curtain separated the stage not only from the hall but from the whole world), in the presence of several people backstage, a young girl in an old fashioned hat and long dress was as if not dancing, but improvising for herself and trying to remember something very personal in this public loneliness.

Kolesnikova is a very strong dancer from the technical point of view but it is not only for her high jumps but also for her double and triple turns and fouette. I think that technical excellence is not a proof of a true talent, but of course it counts when Odile lures and impresses the Prince with a storm of pirouettes. For me most important in a new ballet dancer are true emotions. It seems that all the emotions of the heroines whom Kolesnikova is dancing come from the bottom of her heart and are born before our eyes. Every role seems thought through and carefully staged (this is surely in the real tradition of a Russian ballet dancer). Kolesnikova is a "thinking" dancer. And I really value a young dancer being able to create a special atmosphere for herself on stage. It seems that her "mesmerized princess" Aurora in "The Sleeping Beauty's" dream scene takes the Lilac Fairy, Prince and corps-de-ballet into the mysterious and magic world. Her radiant portrayal of Giselle in Act One lights up the stage with happiness: "a light from the heart is shining bright and makes everything seem gold, caressing everyone who comes upon it accidentally". (A.K Tolstoi)

"Swan Lake" is a very special ballet in Kolesnikova's repertoire. By intuition or consciously, she found her own interpretation for Odette and Odile. In the music Kolesnikova hears the infinite loneliness of Odette and the theme of expressive magic of Odile. In the future, Irina dancing in "Swan Lake" will open up new aspects for herself and for us; today in such a "well danced role" she shows wonderful individuality.

This dancer by nature has a very intelligent, noble performance style. This is just one more aspect of her artistic talent. This talent is very poetic. Her stage presence is missing in vanity and in ambition to impress. In some ways her style is old fashioned. However Alla Osipenko, the Russian ballet legend, who could always feel a contemporary choreographer's style, told me after Kolesnikova's performance that "I find her style very close to mine".

This ballet dancer is just at the beginning of her journey. She is in the process of that happily discovering the perhaps boundless limit to her abilities. It is early to talk of her as a mature actress, but I do not doubt that Irina Kolesnikova will become a star and a legend of the Russian Ballet.

Nina Alovert
American-Russian ballet critic-photographer

Ирина
Колесникова
Irina Kolesnikova

«Лебединое озеро», Одетта. Фото Владимира Зензинова
«Swan Lake», Odette. Photo by Vladimir Zenzinov

«Лебединое озеро», Одиллия. Фото Владимира Зензинова
«Swan Lake», Odile. Photo by Vladimir Zenzinov

«Лебединое озеро», Одетта. Фото Владимира Зензинова
«Swan Lake», Odette. Photo by Vladimir Zenzinov

«Лебединое озеро», Одетта. Зигфрид – Юрий Глухих. Фото Владимира Зензинова
«Swan Lake», Odette. Siegfried – Yuri Glukhikh. Photo by Vladimir Zenzinov

«Лебединое озеро», Одетта. Зигфрид – Юрий Глухих. Фото Владимира Зензинова
«Swan Lake», Odette. Siegfried – Yuri Glukhikh. Photo by Vladimir Zenzinov

«Лебединое озеро», Одетта. Зигфрид – Юрий Глухих. Фото Владимира Зензинова
«Swan Lake», Odette. Sigfried – Yuri Glukhikh. Photo by Vladimir Zenzinov

«Лебединое озеро», Одиллия. Зигфрид – Юрий Глухих. Фото Владимира Зензинова
«Swan Lake», Odile. Siegfried – Yuri Glukhikh. Photo by Vladimir Zenzinov

«Лебединое озеро», Одетта. Фото Нины Аловерт
«Swan Lake», Odette. Photo by Nina Alovert

«Лебединое озеро», Одиллия. Фото Нины Аловерт
«Swan Lake», Odile. Photo by Nina Alovert

«Лебединое озеро», Одетта. Зигфрид – Юрий Глухих. Фото Владимира Зензинова
«Swan Lake», Odette. Siegfried – Yuri Glukhikh. Photo by Vladimir Zenzinov

«Лебединое озеро», Одиллия. Фото Владимира Зензинова
«Swan Lake», Odile. Photo by Vladimir Zenzinov

На репетиции со Светланой Ефремовой. Санкт-Петербург, 2000.
Фото Владимира Зензинова.
In the rehearsal with Svetlana Efremova. St. Petersburg, 2000.
Photo by Vladimir Zenzinov.

Урок. Токио – 2004. Фото Владимира Зензинова
Company class. Tokyo – 2004. Photo by Vladimir Zenzinov

Урок. Токио – 2004. Фото Владимира Зензинова
Company class. Tokyo – 2004. Photo by Vladimir Zenzinov

Урок. Токио – 2004. Фото Владимира Зензинова
Company class. Tokyo – 2004. Photo by Vladimir Zenzinov

Урок. Токио – 2004. Фото Владимира Зензинова
Company class. Tokyo – 2004. Photo by Vladimir Zenzinov

«Ожидание». Номер, поставленный Натальей Осиповой на песню Эдит Пиаф.
Фото Николая Мельникова.
«Expectation». A piece created by Natalia Osipova on a theme suggested by an Edit Piaf song.
Photo by Nikolai Melnikov

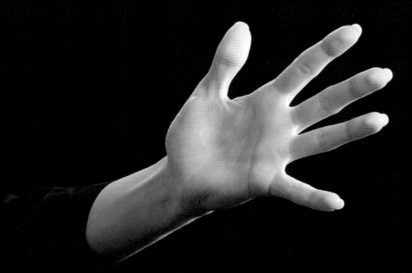

«Ожидание». Номер, поставленный Натальей Осиповой на песню Эдит Пиаф.
Фото Николая Мельникова.

«Expectation». Created by Natalia Osipova on a theme suggested by an Edit Piaf song.
Photo by Nikolai Melnikov

«Ожидание». Номер, поставленный Натальей Осиповой на песню Эдит Пиаф.
Фото Николая Мельникова.
«Expectation». Created by Natalia Osipova on a theme suggested by an Edit Piaf song.
Photo by Nikolai Melnikov

«Щелкунчик», Маша. Фото Владимира Зензинова
«The Nutcracker», Clara. Photo by Vladimir Zenzinov

«Щелкунчик», Маша. Принц – Юрий Глухих.

Фото Владимира Зензинова

«The Nutcracker» Clara. Prince – Yuri Glukhikh.

Photo by Vladimir Zenzinov

«Щелкунчик», Маша. Принц – Дмитрий Акулинин. Фото Владимира Зензинова
«The Nutcracker», Clara. Prince – Dmitri Akulinin. Photo by Vladimir Zenzinov

"Какое счастье
работать с балериной,
имеющей такую яркую
индивидуальность"
Алла Осипенко

С Аллой Осипенко. Санкт-Петербург, 2004. Фото Владимира Зензинова
With Alla Osipenko. St. Petersburg, 2004. Photo by Vladimir Zenzinov

«Дон Кихот», Китри. Фото Нины Аловерт
«Don Quixote», Kitri. Photo by Nina Alovert

«Лебединое озеро», Одетта. Фото Нины Аловерт
«Swan Lake», Odette. Photo by Nina Alovert

Алла Осипенко. Санкт-Петербург, 2004. Фото Владимира Зензинова
Alla Osipenko. St Petersburg, 2004. Photo by Vladimir Zenzinov

Алла Осипенко. Санкт-Петербург, 2004. Фото Владимира Зензинова
Alla Osipenko. St Petersburg. 2004. Photo by Vladimir Zenzinov

«Лебединое озеро», Одиллия. Фото Нины Аловерт
«Swan Lake», Odile. Photo by Nina Alovert

«Дон Кихот», Китри. Фото Нины Аловерт
«Don Quixote», Kitri. Photo by Nina Alovert

С Аллой Осипенко. Репетиция монолога Мехменэ Бану.
Фото Владимира Зензинова
With Alla Osipenko, rehearsing the monologue of Mekhmeneh Bahnu.
Photo by Vladimir Zenzinov.

«Лебединое озеро», Одетта. Фото Нины Аловерт
«Swan Lake», Odette. Photo by Nina Alovert

Алла Осипенко. Санкт-Петербург, 2004. Фото Владимира Зензи
Alla Osipenko. St Petersburg, 2004. Photo by Vladimir Zenzinov.

Алла Осипенко. Урок. Санкт-Петербург, 2004. Фото Владимира Зензинова
Alla Osipenko. Company class, St.Petersburg – 2004. Photo by Vladimir Zenzinov

«Дон Кихот», Китри. Повелительница Дриад – Анастасия Хабарова. Фото Нины Аловерт
«Don Quixote», Kitri. The Queen of the Dryads – Anastasia Khabarova. Photo by Nina Alovert

«Легенда о любви», Мехменэ Бану. Фото Александра Гронского
«The Legend of Love», Mekhmeneh Bahnu. Photo by Alexander Gronsky

«Легенда о любви», Мехменэ Бану. Фото Александра Гронского
«The Legend of Love», Mekhmeneh Bahnu. Photo by Alexander Gronsky

«Легенда о любви», Мехменэ Бану. Фото Николая Мельникова
«The Legend of Love», Mekhmeneh Bahnu. Photo by Nikolai Melnikov

«Легенда о любви», Мехменэ Бану. Фото Николая Мельникова
«The Legend of Love», Mekhmeneh Bahnu. Photo by Nikolai Melnikov

Жизель. Фото Владимира Зензинова
Giselle. Photo by Vladimir Zenzinov

Жизель. Ганс – Дымчик Сайкеев. Фото Владимира Зензинова
Giselle. Hilarion – Dimchik Saykeev. Photo by Vladimir Zenzinov

Жизель. Фото Владимира Зензинова
Giselle. Photo by Vladimir Zenzinov

Жизель. Фото Нины Аловерт
Giselle. Photo by Nina Alovert

Жизель. Альберт — Юрий Глухих. Фото Владимира Зензинова
Giselle. Albrecht – Yuri Glukhikh. Photo by Vladimir Zenzinov

Жизель. Фото Владимира Зензинова
Giselle. Photo by Vladimir Zenzinov

56

Жизель. Фото Владимира Зензинова
Giselle. Photo by Vladimir Zenzinov

Жизель. Фото Владимира Зензинова
Giselle. Photo by Vladimir Zenzinov

Жизель. Фото Владимира Зензинова
Giselle. Photo by Vladimir Zenzinov

Жизель. Альберт – Юрий Глухих. Фото Владимира Зензинова
Giselle. Albrecht – Yuri Glukhikh. Photo by Vladimir Zenzinov

Жизель. Фото Владимира Зензинова
Giselle. Photo by Vladimir Zenzinov

Жизель. Альберт – Юрий Глухих. Фото Владимира Зензинова
Giselle. Albrecht – Yuri Glukhikh. Photo by Vladimir Zenzinov

Жизель. Фото Николая Мельникова
Giselle. Photo by Nikolai Melnikov

«Кумпрасита». Фото Александра Гронского
«Kumprasita». Photo by Alexander Gronsky

Студия. Фото Александра Гронского
Studio. Photo by Alexander Gronsky

Студия. Фото Александра Гронского
Studio. Photo by Alexander Gronsky

Студия. Фото Александра Гронского
Studio. Photo by Alexander Gronsky

«Кумпрасита». Фото Александра Гронского
«Kumprasita». Photo by Alexander Gronsky

«Ожидание». Номер Натальи Осиповой.
Фото Нины Аловерт.
«Expectation». Created by Natalia Osipova
on a theme suggested by an Edit Piaf song.
Photo by Nina Alovert.

На репетиции с Натальей Осиповой. Фото Владимира Зензинова.
In the rehearsal with Natalia Osipova. Photo by Vladimir Zenzinov.

«Ожидание». Номер Натальи Осиповой.
Фото Нины Аловерт.
«Expectation». Created by Natalia Osipova.
Photo by Nina Alovert.

На репетиции с Натальей Осиповой. Фото Владимира Зензинова.
In the rehearsal with Natalia Osipova. Photo by Vladimir Zenzinov.

«Ожидание». Номер, поставленный Натальей Осиповой на песню Эдит Пиаф.
Фото Нины Аловерт.
«Expectation». Created by Natalia Osipova on a theme suggested by an Edit Piaf song.
Photo by Nina Alovert

На репетиции с Натальей Осиповой. Фото Владимира Зензинова.
In the rehearsal with Natalia Osipova. Photo by Vladimir Zenzinov.

«Спящая красавица», Аврора. Фото Владимира Зензинова
«The Sleeping Beauty», Aurora. Photo by Vladimir Zenzinov

«Спящая красавица», Аврора. Флоримунд – Юрий Глухих. Фото Нины Аловерт
«The Sleeping Beauty», Aurora. Florimund – Yuri Glukhikh. Photo by Nina Alovert

С Александром Канторовым. Фото Владимира Зензинова.
With Alexander Kantorov. Photo by Vladimir Zenzinov.

«Дон Кихот», Китри. Фото Нины Аловерт
«Don Quixote», Kitri. Photo by Nina Alovert

С Эндрю Гилдом. Аделаида – Австралия – 2004.
With Andrew Guild. Adelaide – Australia – 2004.

«Лебединое озеро», Одетта. Фото Нины Аловерт
«Swan Lake», Odette. Photo by Nina Alovert

На репетиции Никии с Любовью Кунаковой. Фото Владимира Зензинова.
In the rehearsal of Nikiya with Lubov Kunakova. Photo by Vladimir Zenzinov.

На репетиции Никии с Любовью Кунаковой. Фото Владимира Зензинова.
During rehearsals of Nikiya with Lubov Kunakova. Photo by Vladimir Zenzinov.

Никия, репетиция. Санкт-Петербург, 2004. Фото Владимира Зензинова.
Nikiya rehearsals. St Petersburg, 2004. Photo by Vladimir Zenzinov.

На репетиции Никии с Любовью Кунаковой. Фото Владимира Зензинова.
In the rehearsal of Nikiya with Lubov Kunakova. Photo by Vladimir Zenzinov.

Никия, репетиция. Санкт-Петербург, 2004. Фото Владимира Зензинова.
Nikiya rehearsals. St Petersburg, 2004. Photo by Vladimir Zenzinov.

Константин Тачкин и Юрий Гумба. Санкт-Петербург, 2004. Фото Владимира Зензинова.
Konstantin Tatchkin and Yury Gumba. St Petersburg, 2004. Photo by Vladimir Zenzinov.

С Любовью Кунаковой и Юрием Гумбой. Санкт-Петербург, 2004.
Фото Владимира Зензинова.
With Lubov Kunakova and Yury Gumba. St Petersburg, 2004.
Photo by Vladimir Zenzinov.

Никия, репетиция. Санкт-Петербург, 2004. Фото Владимира Зензинова.
Nikiya rehearsals. St Petersburg, 2004. Photo by Vladimir Zenzinov.

"... все чувства героинь, которых танцует Колесникова, идут из глубины ее собственного сердца и рождаются на наших глазах."

Нина Аловерт

Жизель. Мать – Ольга Якубович. Фото Владимира Зензинова
Giselle. Berta – Olga Yakubovich. Photo by Vladimir Zenzinov

«Дон Кихот», Китри. Базиль – Никита Щеглов. Фото Нины Аловерт
«Don Quixote», Kitri. Basilio – Nikita Scheglov. Photo by Nina Alovert

«Лебединое озеро», Одиллия. Фото Нины Аловерт
«Swan Lake», Odile. Photo by Nina Alovert

«Irina Kolesnikova is the Oddete/Odile and with her acting ability allied
to her supreme dancing skills she is peerless...»

Richard Edmonds – The Birmingham post – December 2003

«Ирина Колесникова в Одетте/Одиллии с ее актерским дарованием и
выдающимся танцевальным мастерством является несравненной...»

Ричард Эдмонт – Бирмингем Пост – Декабрь 2003

«Спящая красавица», Аврора. Флоримунд – Юрий Глухих. Фото Нины Аловерт
«The Sleeping Beauty», Aurora. Florimund – Yuri Glukhikh. Photo by Nina Alovert

«...her performance in the Vision pas-de-deux had the wistful aura of a soul in limbo while the Wedding duet saw her dancing into womanhood with an easy, attractive opulence of movement...»

Mary Brennan – Glasgow Herald – January 2003

«Легенда о любви», Мехменэ Бану. Фото Александра Гронского
«The Legend of Love», Mekhmeneh Bahnu. Photo by Alexander Gronski

«...She is not only a graceful dancer, but has the strength and skill to take on the choreography and make it look awesome. In every leap you wondered if she was going to deign to descend...»

Thom Dibdin – Edinburgh Evening News – January 2003

«Она не только красивая танцовщица, но имеет мастерство и талант делать исполнение хореографии захватывающим.»

Том Дибдин – Эдинбург Ивнинг Ньюс – январь 2003

«Лебединое озеро», Одетта. Фото Нины Аловерт
«Swan Lake», Odette. Photo by Nina Alovert

«...Kolesnikova`s performance that set the ballet alight from her very first entrance.»

Jenny Stevenson – The Dominion – August 2000 – Wellington

«...выступление Колесниковой зажигает балет с ее первого появления на сцене.»

Дженни Стивенсон – Доминион – Август 2000 – Веллингтон

«Лебединое озеро», Одиллия. Фото Нины Аловерт
«Swan Lake», Odile. Photo by Nina Alovert

«I went to see it thinking that it would be typical but it was awesome. I must say a new
and amazing ballerina has arrived from Russia. She is Irina Kolesnikova.
She has an elegance as a ballerina like we used to see from the Soviet Union. From her
bodyline she expresses feelings and does so naturally without exaggeration.
She has a core burning from inside. I was amazed how she expressed the emotion.»

Masahiko Takatsuka – Tokyo – June 2004

«Я шел смотреть представление, думая, что это будет типично, но это было
захватывающе. Я должен сказать, что новая и удивительная балерина прибыла из
России. Ее имя – Ирина Колесникова.

Масахико Такацука – Токио – июнь 2004

«Колесникова – балерина
потрясающих технических
достоинств. Ее танец выписан
крупно, но без преувеличений.
Все, что она делает, исходит из
глубины ее души...»

Аллен Робертсон – The Times –
Декабрь 2002 – Лондон

«Дон Кихот», Китри. Фото Нины Аловерт
«Don Quixote», Kitri. Photo by Nina Alovert

«... SEENG Irina Kolesnikova, performing Odette - Odile in Swan Lake is one of those rare and beautiful moments of theatre ... »

Jenny Stevenson – The Dominion – August 2000 – Wellington

«Лебединое озеро», Одетта.
Фото Нины Аловерт
«Swan Lake», Odette.
Photo by Nina Alovert

«Кумпрасита». Фото Нины Аловерт.
«Kumprasita». Photo by Nina Alovert.

«Лебединое озеро», репетиция. Фото Нины Аловерт
«Swan Lake», the rehearsal. Photo by Nina Alovert

«...Колесникова — это, право, что-то особенное. Дивная линия,
«поющие» руки, безупречная музыкальность... Вот пример
танцовщицы-актрисы, да еще с отменной техникой...»

Алексей Государев – февраль 2001 – Петербургский Час Пик

«...Kolesnikova is truly something else. An amazing line, arms that sing
and irreproachable musicality... This is an example of ballerina as
actress, with excellent technique into the bargain...»

Aleksei Gosudarev – February 2001 – St Petersburg Chas Pik

«Ожидание».
Номер, поставленный Натальей
Осиповой на песню Эдит Пиаф.
Фото Нины Аловерт.

«Expectation».
Created by Natalia Osipova
on a theme suggested
by an Edit Piaf song.
Photo by Nina Alovert

Жизель. Альберт – Юрий Глухих. Фото Нины Аловерт
Giselle. Albrecht – Yuri Glukhikh. Photo by Nina Alovert

«Kolesnikova is a ballerina who is perfectly centred. When she spins
her back is straight, when she glances at her prince her eyes are rich
with emotion. Her technical skills were emphasized in the many slow
extensions on point and the difficult cantilevered balances.»

Richard Edmonds – The Birmingham Post – December 2003

«Лебединое озеро», Одетта. Зигфрид – Юрий Глухих.
Фото Нины Аловерт
«Swan Lake», Odette. Siegfried – Yuri Glukhikh.
Photo by Nina Alovert

«...Видеть Ирину Колесникову, исполняющую партию Одетты/Одилии в «Лебедином озере», – это один из тех редких моментов, которые мы ценим в театре...»

Дженни Стивенсон – Доминион – Август 2000 – Веллингтон

«Лебединое озеро», Одетта. Фото Владимира Зензинова
«Swan Lake», Odette. Photo by Vladimir Zenzinov

«...Her Odette is stately, with an air of gravitas-in-bondage...»

Marry Brennan – The Herald – January 2002 – Edinburgh

«...Ее Одетта величественна, она создает впечатление
аристократизма в плену...»

Мэри Бренан – Хэральд – Январь 2002 – Эдинбург

«Щелкунчик», Маша. Принц – Дмитрий Акулинин. Фото Владимира Зензинова
«The Nutcracker», Clara. Prince – Dmitri Akulinin. Photo by Vladimir Zenzinov

«... Irina Kolesnikova, the tall, commanding Clara, managed to break through by means of an open, lovely face and sunlit dance technique...»

Jenny Gilbert – The Sunday Independent – December 2002

«Лебединое озеро», Одиллия. Фото Нины Аловерт
«Swan Lake», Odile. Photo by Nina Alovert

«...Her Odile is a commanding coquette with a sadistic, leering glamour. Her fouettes are fast and sure...»

Donald Hutera – The Times – London – November 2002

«...Ее Одиллия – повелевающая кокетка с садистским, ухмыляющимся очарованием. Ее фуэте быстры и уверенны...»

Дональд Хутера – Таймс – Лондон – Ноябрь 2002

«... Kolesnikova's Odette is wrapped in such dreamy, preening melancholia that her first sight of Siegfried induces genuine alarm. This regal bird-girl exudes purity and wisdom. She's got soul.»

Donald Hutera – The Times – London – November 2002

«Очищающая перья Одетта Колесниковой погружена в такую мечтательную грусть, что первый же взгляд на Зигфрида вызывает у нее подлинную тревогу. Это царственная девушка-птица излучает чистоту и мудрость. У нее есть душа.»

Дональд Хутера – Таймс – Лондон – Ноябрь 2002

«Лебединое озеро», Одетта. Фото Нины Аловерт
«Swan Lake», Odette. Photo by Nina Alovert

"SOMETIMES it can be so simple. Irina Kolesnikova, star of St Petersburg Ballet Theatre's touring production of Swan Lake, has made a decision which throws the entire story into high relief. She portrays both Odette, the princess who is magicked into a swan, and Odile, her wicked impersonator, as if they really are birds.

Every ballerina plays with this woman/swan duality — one forlorn, the other predatory — but, unlike others, Kolesnikova never gives the woman the upper hand. Every night, at midnight, Odette is released from her spell, but Kolesnikova's Odette is never completely freed. Rothbart's sorcery exerts too strong a draw. Even though Prince Siegfried is falling for Odette, she doesn't dare to put her trust in this human. Throughout their lakeside courtship she remains as wary as any wild creature. Kolesnikova then ups the ante in the ballroom scene in which Odile and Rothbart trick Siegfried into believing she is Odette, by remaining as much a swan as the creature he had encountered the night before. Here, most ballerinas turn seductively feline.

Kolesnikova's imperiousness has a ruthless, vicious nature. She's mesmerizing poor Siegfried rather than flirting with him. The result is as exciting and audacious as it is theatrically credible, even in a venue as large as the Albert Hall.

The true (and stunning) payoff comes in the final minute, when, Rothbart defeated, Odette is released from her spell. In a ravishing transformation the swan melts away to be replaced by a joyous woman. Opulent and grand, Kolesnikova is a ballerina of prodigious technical strengths. Her dancing is writ large but never over-emphatic. Everything she does comes from deep inside her. She is in the midst of a traditional, even old-fashioned, production, with fine, well-schooled dancing from the corps de ballet..."

Allen Robertson – The Times – December 2002 – London

"...Иногда это может быть так просто. Ирина Колесникова – звезда гастролирующего Санкт-Петербургского театра балета в спектакле «Лебединое озеро» приняла решение, которое бросает всю историю в высший рельеф. Она изобразила Одетту, заколдованную и превращенную в лебедя принцессу, и ее злого имитатора Одиллию, так, как будто обе они на самом деле птицы.

Каждая балерина играет с этой двойственностью женщина \ лебедь — одна покинутая, другая хищная — но в отличие от других, Колесникова в этой игре никогда не отводит женщине ведущую роль. Каждую ночь в полночь Одетта освобождается от заклинания, но Одетта Колесниковой никогда не освобождается полностью. Колдовство Ротбарта слишком сильно влияет и притягивает. Даже не смотря на то, что принц Зигфрид влюбляется в Одетту, она не отваживается довериться человеку. На протяжении всей сцены ухаживания на берегу озера она остается такой же настороженной, как любое дикое животное. На балу, во время которого Одиллия и Ротбарт заставляют Зигфрида обманом поверить, что Одиллия – это и есть Одетта, Колесникова повышает ставку, оставаясь настолько лебедем, насколько им было существо, с которым он встретился накануне ночью. Здесь большинство балерин становятся обольстительно кошачьими.

Властность Колесниковой имеет безжалостный, злобный характер. Она, скорее, гипнотизирует бедного Зигфрида, чем флиртует с ним. Результат такой же захватывающий и дерзкий, как и заслуживающий доверия настолько, насколько это возможно в театре, даже в таком большом месте скопления зрителей, как Альберт Холл.

Истинная (и потрясающая) развязка наступает в последнюю минуту, когда Ротбарт побежден, и Одетта освобождается от заклятия. В восхитительном перевоплощении лебедь исчезает, и вместо него появляется веселая женщина. Богатая и величественная, Колесникова – балерина потрясающих технических достоинств. Ее танец выписан крупно, но без преувеличений. Все, что она делает, исходит из глубины ее души. Она находится в центре традиционной, даже старомодной постановки, с прекрасным танцем хорошо выученного кордебалета..."

Аллен Робертсон – The Times – Декабрь 2002 – Лондон

«Лебединое озеро», Одетта. Фото Нины Аловерт
«Swan Lake», Odette. Photo by Nina Alovert

Афиша. «Лебединое озеро», Одетта. Фото Нины Аловерт
Poster. «Swan Lake», Odette. Photo by Nina Alovert

Афиша. «Лебединое озеро», Одиллия. Фото Нины Аловерт
Poster. «Swan Lake», Odile. Photo by Nina Alovert

«Лебединое озеро», Одетта. Фото М. Фуджиока
«Swan Lake», Odette. Photo by M. Fujioka

Афиша. «Лебединое озеро», Одетта. Фото Нины Аловерт
Poster. «Swan Lake», Odette. Photo by Nina Alovert

Афиша. «Лебединое озеро», Одетта. Фото Ольги Миркиной
Poster. «Swan Lake», Odette. Photo by Olga Mirkina

Афиша. «Щелкунчик», Маша.
Poster. «The Nutcracker», Clara.

Watch out for the next title in this series of albums
«THE OTHER SIDE OF KONSTANTIN TATCHKINS ST.PETERSBURG BALLET THEATRE»

Продолжит серию книг о нашем театре фотоальбом
«ДРУГАЯ СТОРОНА ТЕАТРА БАЛЕТА КОНСТАНТИНА ТАЧКИНА»

Сидней, 2004.
Sydney, 2004.

Ирина Колесникова. Сидней, 2004.
Irina Kolesnikova. Habour bridge. Sydney, 2004.

Евгения Круликовская и Эндрю Гилд. Голд Кост, Австралия, 2004.
Eugenia Krulikobskaya and Andrew Guild. Gold Coast, Australia, 2004.

Владимир Зензинов. Сидней, 2004.
Vladimir Zenzinov. Sydney, 2004.

Виталий Колотов, Сергей Емельянов, Дымчик Сайкеев, Ольга Овчинникова, Егор Давыдов и Ирина Карельская, 2004.
Vitaly Kolotov, Sergey Emeliyanov, Dymchik Saikeev, Olga Ovchinnikova, Egor Davydov and Irina Karelskaya. Sydney.

Ирина Колесникова. Голд Кост, Австралия, 2004.
Irina Kolesnikova. Gold Coast, Australia, 2004.

Константин Тачкин и Егор Давыдов. Дарвин, Австралия, 2004.
Konstantin Tatchkin and Egor Davydov. Darwin, Australia, 2004.

Ольга Орел. Сидней, 2004.
Olga Orel. Sydney, 2004.

Инна Свечникова и Ольга Евдокимова. Сидней, 2004.
Inna Svechnikova and Olga Evdokimova. Sydney, 2004.

Павел Холоименко. Австралия, 2004.
Pavel Kholoimenko. Australia, 2004.

Артур Мартиросян, Юлия Петрова и Ольга Орел. Австралия, 2004.
Artur Martirosyan, Yulia Petrova and Olga Orel. Australia, 2004.

Лилия Ахметшина и Сабина Яппарова. Австралия, 2004.
Lilia Akhmetshina and Sabina Yapparova. Australia, 2004.

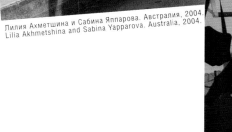

Любовь Кунакова. Голд Кост, Австралия, 2004.
Lubov Kunakova. Gold Coast, Australia, 2004.

Вадим Никитин. Австралия, 2004.
Vadim Nikitin. Australia, 2004.

Алла Осипенко. 2004.
Alla Osipenko. 2004.

Светлана Ефремова. Санкт-Петербург. 2004.
Svetlana Efremova. St Petersburg, 2004.

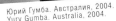

Юрий Гумба. Австралия, 2004.
Yury Gumba. Australia, 2004.

Ирина Колесникова. Сидней, 2004.
Irina Kolesnikova. Sydney, 2004.

Ольга Овчинникова. Голд Кост, Австралия, 2004.
Olga Ovchinnikova. Gold Coast, Australia, 2004.

Юлия Петрова и Артур Мартиросян. Сидней, 2004.
Yulia Petrova and Artur Martirosyan. Sydney, 2004.

Сабина Яппарова. Сидней. 2004.
Sabina Yapparova. Sydney. 2004.

Андрей Яхнюк, Сабина Яппарова, Анна Подлесная и Дмитрий Шевцов. Сидней, 2004.
Andrey Yakhnuk, Sabina Yapparova, Anna Podlesnaya and Dmitri Shevtsov. Sydney, 2004.

Елена Беляева и Ангелина Александрова. Голд Кост, Австралия, 2004.
Elena Belyaeva and Angelina Alexandrova. Gold Coast, Australia, 2004.

Ирина Колесникова. Сидней, 2004.
Irina Kolesnikova. Sydney, 2004.

Анасиасия Хабарова. Голд Кост, Австралия, 2004.
Anastasia Khabarova. Gold Coast, Australia, 2004.

Роман Еремеев. Австралия, 2004.
Roman Eremeev. Australia, 2004.

Александр Муржо. Австралия, 2004.
Alexandr Murzho. Australia, 2004.

Наталья Рыжакова. Австралия, 2004.
Natalia Rijakova. Australia, 2004.

Элеонора Адеева. Голд Кост, Австралия, 2004.
Eleonora Adeeva. Gold Coast, Australia, 2004.

Ольга Овчинникова и Дмитрий Акулинин. Австралия, 2004.
Olga Ovchinnikova and Dmitri Akulinin. Australia, 2004.

Ольга Овчинникова. Лаунцестон, Тасмания, 2004.
Olga Ovchinnikova. Launceston, Tasmania, 2004.

Дмитрий Акулинин, Анастасия Лукьянова, Ольга Забивкина. Сидней, 2004.
Dmitri Akulinin, Anastasia Lukyanova, Olga Zabivkina. Sydney, 2004.

Ольга Ожогина, Елена Куксева, Алексей Ильин, Татьяна Иванова,
Ангелина Александрова и Елена Беляева. Австралия, 2004.
Olga Ozhogina, Elena Kukseva, Aleksey Ilin, Tatiana Ivanova,
Angelina Aleksandrova and Elena Belyaeva. Australia, 2004.

Анна Подлесная. Перт, Австралия, 2004.
Anna Podlesnaya. Perth, Australia, 2004.

Список иллюстраций

List of pictures

ББК щ 327(4)л6
УДК 792.8
И 80

ИРИНА КОЛЕСНИКОВА

Фотоальбом

Составление: Театр балета Константина Тачкина
Selection by Konstantin Tatchkin's St. Petersburg Ballet Theatre

Перевод на английский Елена Погосова и Эндрю Гилд
Translation by Elena Pogosova and Andrew Guild

Санкт-Петербургский театр балета Константина Тачкина

191028, Россия, Санкт-Петербург, Литейный пр.20,
тел :+7 (812)278 86 23 ,
тел./факс:+7(812)273 48 81
headoffice@spbt.ru, администрация
ek@spbt.ru, Евгения Круликовская, директор
www.spbt.ru, сайт в интернете

Konstantin Tatchkin's St Petersburg Ballet Theatre

191028, Russia, St.Petersburg, Liteyny pr.20
phone: +7 (812) 278 86 23
phone/fax: +7 (812) 273 48 81
ek@spbt.ru, Evgenia Krulikovskaya, director
headoffice@spbt.ru, administration
www.spbt.ru, web-site

ISBN 5-94300-037-2

Колесникова Ирина

Irina Kolesnikova